AF451966

TITRE DE LA FONDATION DE
l'Hospital de Sainct Antoine de Reims,
l'An mil deux cens vn.

VILLAVME par la Grace de Dieu Archeuefque de Reims, Cardinal de la Ste. Eglife Romaine du titre de Saincte Sabine : A tous les Fideles de noftre Mere Saincte Eglife, qui ces prefentes Lettres verront, Salut en noftre Seigneur. D'AVTANT que dans les diuerfes rencontres de la fragilité humaine, il n'eft pas facile aux hommes d'euiter la cheute malheureufe du peché ; les œuures de pieté nous ont efté propofées comme vn remede aduantageux à noftre falut, & vne voye affeurée pour nous rendre la Mifericorde de Dieu d'autant plus fauorable, que nous aurons auec plus de charité & de tendreffe foulagé les neceffi-tés du prochain, puis qu'il eft vray, que l'Aumofne couure la multitude de nos offences. Et comme il eft du deuoir d'vn veritable Pafteur de reformer, arracher & aneantir tous les déreiglements qui fe rencontrent dans l'eftenduë de fon Eglife, & d'y eftablir toutes les chofes qui peuuent auancer ou augmenter l'amour de Dieu & du prochain ; c'eft ce qui nous a fait ouurir les yeux, & confiderer que les treize Prebendes qui ont autrefois eft é inftituées en Pain & en Argent par le grand Sainct REMY Archeuefque de Reims, afin de feruir de nourriture à treize Pauures, font fouuent con-ferées, contre l'intention de ce Sainct Fondateur, ou à des perfonnes indignes de les poffeder, ou à des Gens dont la vie n'eft pas exempte de blafme ; ce qui arriue quelquefois

A

pour n'en pas cognoiſtre la qualité, & autrefois, par les re-
commandations de leurs amis. C'eſt pourquoy nous auons
eſtimé que nous pourrions beaucoup meriter en procurant
que le Patrimoine du Crucifix qui ſe donnoit auec injuſtice
à telles ſortes de Gens, fuſt deſormais diſtribué equitable-
ment aux pauures Malades & Languiſſans, ſelon l'ordre &
la reigle de la Iuſtice ; & partant, pour ſeconder le deſſein
du glorieux Confeſſeur, & rendre à Dieu ce qui luy appartient, & aux Pauures de IESVS-CHRIST, ce que la pieté
des Chreſtiens leur a deſtiné, Nous auons par vn motif de
charité, & dans le deſſein de meriter quelque grace pour
nous, & obtenir le pardon pour ceux qui nous ont deuan-
cé, & inciter nos Succeſſeurs d'imiter noſtre exemple, in-
ſtitué & fait edifier vn Hoſpital en roye de la Metairie qui
nous appartient proche de la porte Bazée, pour y receuoir
& nourrir à perpetuité vingt pauures Languiſſans, qui re-
ceuront auſſi à tousjours & ſans aucun changement, les
fruicts des treize Prebendes inſtituées par Sainct REMY, &
augmenteront en nombre à proportion que le reuenu que
nous deſtinons pour cét Hoſpital receura accroiſſement
par la benediction du Ciel : Car rappellant ſoigneuſement
à noſtre memoire cette Sentence eſpouuentable de l'Euan-
gile, qui condamne au feu eternel ceux qui auront negligé
de loger IESVS-CHRIST, le viſiter dans ſes infirmités, &
le raſſaſier dans ſes neceſſités ; NOVS auons trouué bon,
par l'aduis & conſentement de noſtre Chapitre, d'adjouſter
à ces Prebendes pour la ſubſiſtance des Pauures qui ſeront
renfermez en cét Hoſpital, huict muids de froment, à receuoir par chacun an ſur le Stellage de Reims, & auons
limité le poids de chacun Pain qui leur ſera diſtribué pour
la journée à la vingtieſme partie d'vn quartel. Et pour le
Vin, nous leur en auons aſſigné ſoixante & dix muids, à

prendre auſſi par chacun an ſur noſtre reuenu du Mont-Valois, & voulons qu'il en ſoit donné tous les jours vne demie meſure à chacun Pauure, & que les reſtes de la Table des Archeueſques (lors qu'ils feront dans la Ville) ſoient auſſi diſtribuez vne fois par chacune Semaine, les jours de Mardy ou de Ieudy, aux plus malades & plus neceſſiteux. Et puis que nous auons receu ce commandement exprez de Dieu, de départir gratuitement aux Pauures vne partie des biens que nous auons receu liberalement du Patrimoine de l'Egliſe, nous auons jugé raiſonnable d'en donner la ſomme de vingt-cinq liures tournois par chacun an, pour employer aux Vſtancilles de la Cuiſine, Draps, Linges & Reparations de l'Hoſpital, à prendre & receuoir ſur le reuenu de la Hale que nous auons nouuellement acquis & baſty, ſoit qu'elle ſoit cy-aprés transferée ailleurs, ou chan-gée en d'autres Baſtimens, ou que le reuenu en ſoit dimi-nué ; laquelle ſomme ſera priſe par preference ſur tout le reuenu de cette Hale ; eſtant bien raiſonnable que les ne-ceſſités des miſerables Langoureux ſoient preferées à toute autre choſe. Et pour le Chauffage des pauures Malades, & preparation des Viandes qui leur ſeront fournies, nous auons aſſigné à perpetuité cinquante deux charées de Bois, à prendre tous les ans dans noſtre Foreſt de Chaumuſy, que nous auons achepté à grand prix depuis que nous poſſedons l'Archeueſché. Nous ordónons auſſi que celuy qui cy-aprés ſera le Fermier, ou l'Oeconome de noſtre Metairie ſituée prés le ſuſdit Hoſpital, nourrira deux Vaches auec les ſien-nes, le reuenu deſquelles ſera employé à la nourriture des pauures Malades. Comme pareillement, que celuy qui do-reſnauant fera ſa demeure dans le Iard de l'Archeueſché, ſera tenu de lauer & nettoyer leurs Draps, & leurs Linges. Celuy qui aura l'intendance des affaires de l'Archeueſché,

A 2

fera à perpetuité le Directeur & Administrateur de cette loüable entreprise, & gouuernera le reuenu de cette Aumofne, qui merite vne recommandation particuliere. Outre lequel Administrateur, nous auons accordé vn Seruiteur aux Pauures de l'Hofpital, qui ayant pris l'Habit de Religion, aura foin de les faire feruir, & de leur adminiftrer toutes leurs neceffités; & ne fera affujetty à autre chofe, que de refpondre de fa conduite & de fon adminiftration à l'Intendant de l'Archeuefché. Que fi par fucceffion de temps, quelque enfant du diable venoit à deftruire ou retrancher infolemment par negligence ou auarice, vne fi fainéte & fi neceffaire Inftitution eftablie auec tant de folemnité, qu'il encoure l'indignation du Ciel par les merites du glorieux Sainét REMY, & qu'il foit rayé du liure des Viuans, & ne trouue point de place auec les Sainéts. Ainfi foit-il. Ainfi foit-il. Fait l'an de Grace mil deux cens vn, & efcrit de la main de MATHIEV noftre Chancelier.

LETTRES PATENTES DV ROY

Philippes Augufte, fur l'erection de l'Hofpital de faint Antoine de Reims, de l'An mil deux cens vn.

V Nom de la Saincte & indiuiduë Trinité: 1201 Ainfi foit-il. Philippes par la Grace de Dieu Roy de France : Sçachent tous prefens & à venir, Que noftre tres-cher Oncle & fidele Sujeĉt, Guillaume Archeuefque de Reims, a nouuellement erigé vn Hofpital fous le nom de S. Antoine, prés la Grange contiguë la Porte Bazée, auquel, outre treize Prebendes que Sainĉt REMY auoit fondé, il a charitable-ment affeĉté d'autres Reuenus pour l'vfage & foulagement des Pauures de ladite Maifon. NO V S partant, faifant vne eftime toute particuliere felon Dieu, du bon œuure de ce Prelat, approuuons la Fondation qu'il a fait dudit Hofpital, & l'affermiffons de noftre authorité Royale, tout ainfi qu'elle eft contenuë en la Fondation dudit Arche-uefque. Et afin que ce foit chofe ferme & ftable, Nous auons voulu mettre au deffous de ces prefentes noftre Si-gnature, & appofer noftre Scel. Fait à Reims, l'an du Sei-gneur mil deux cens vn, de noftre Regne le vingt-troi-fiefme, eftans prés de Nous en noftre Palais, ceux dont les noms & les fignes fuiuent cy-aprés, (n'y ayant point de Maiftre d'Hoftel) S. Guido grand Bouthiller. S. Mathieu Chambellan. S. Drocon Conneftable. Donné par les mains de Frere Guarin, la place de Chancelier Az. auffi vacante.

PERMISSION DONNE'E LE PENVL-
tiéfme Feurier 1 3 8 1. par Richard Archeuefque de Reïms, de loüer à Nicolas de Douzy pendant fa vie, vne Maifon dependante dudit Hofpital, pour employer le prix à l'vtilité des Pauures.

TOVS ceux qui ces prefentes Lettres verront : 1381. Richard, par la diuine Mifericorde, Archeuef- que de Reims, Salut en noftre Seigneur. Eftant arriué par mal-heur, que les fruicts & reuenus de noftre Hofpital de S. Antoine de Reims, qui a efté fondé il y a fort long-temps des biens de noftre Eglife & de noftre Archeuefché, & duquel l'adminiftration & direction nous appartient, font fort diminuez & affoi- blis par la mauuaife conduite des Freres & Sœurs qui ont efté commis depuis quelques années pour le gouuerner, & qui ont laiffé par negligence ruiner & defmolir les Mai- fons, Granges & autres Baftimens defpendans dudit Hof- pital, du reuenu defquels ils tiroient leur nourriture & celle des domeftiques, & fubftantoient les Pauures en telle forte, qu'il ne fe trouue à prefent audit Hofpital de quoy le faire fubfifter, en tant qu'il ne fe reçoit plus rien defdits Heri- tages, & ne s'en eft receu aucune chofe depuis qu'ils en ont fouffert la ruine, au moyen de quoy ils font prefque re- duits à la mendicité, ainfi qu'il nous eft apparu par l'in- formation veritable que nous en auons fait faire. C'eft pourquoy, touchez de cefte mifere & difette, & defirans y apporter vn remede conuenable, afin que le mal n'aille point en augmentant, & que ce qui refte audit Hofpital ne demeure dans le peril d'eftre diffipé & perdu , & fur tout , que les œuures de Charité & de Mifericorde, & les Aumofnes qui ont couftume d'eftre diftribuées dans ledit Hofpital aux pauures Languiffans , aux Paffans, Pelerins, & Eftrangers, & autres qui s'y rencontrent de toutes parts, ne foient point diminuées, mais pluftoft augmentées ; Nous auons, de l'aduis de plufieurs perfonnes de Probité , donné & donnons permiffion par ces prefentes aux Freres & Sœurs dudit Hofpital, d'aliener & vendre à difcrette perfonne Nicolas de Douzy , Chanoine de l'Eglife Collegiate de Saint Pierre d'Auenay du Diocefe de Reims, ou à quelque autre plus offrant, foit Religieux feculier ou autre, pour fa vie, vne Maifon fçize à Reims ruë de S. Martin de Laon, royé la Maifon de la Pourcelette d'vne part par derriere , & le chemin par lequel on va de ladite ruë à celle de la Tournelle, auec toutes fes appartenances & dependances, pour du prix en procedant, reparer vtilement les Baftimens dudit Hofpital : En foy de quoy nous auons fait appofer noftre Scel à ces prefentes. Fait en noftre Palais Archiepifcopal, le penultiefme Feurier mil trois cens quatre-vingt vn. Signé, VALDY, & fcellé.

CONSTITVTIONS FAITES LE QVA-
torziesme Iuin de l'an 1391. en l'Hospital de Sainct Antoine de Reims, par Guy Archeuesque dudit Reims.

GVY par la diuine prouidence Archeuesque de 1391. Reims : A tous ceux qui ces presentes Lettres verrót, Salut en celuy qui est le vray salut de tous. Desirans par le deuoir de nostre charge pouruoir soigneusement & sans relasche à toutes les choses qui peuuent augmenter l'honneur de Dieu, & auancer la perfection des personnes Religieuses, & establir parmy eux la pureté des consciences, l'hónesteté des mœurs, & l'obseruance de la discipline reguliere ; Nous employons volontiers nos soins paternels, afin que nostre Espouse l'Eglise de Reims, & les Maisons pieuses qui sont establies dans la Prouince, dans la Ville, & dans le Diocese, qui, quoy que separées l'vne de l'autre, & differentes en leurs institutions, viuent neantmoins dans vn seul but, concourent respectiuement à son embelissement, puissent conseruer la gloire & l'ancienne lumiere qui les a rendu recommandables : Et partant, ayant en recommandation particuliere, entre toutes les Maisons Religieuses, & tous les lieux pieux assis en l'estenduë de nostre Diocese, l'Hospital de Sainct Antoine de Reims, fondé par nos predecesseurs, & dependant immediatement de nostre authorité & direction ; & ne voulans pas dissimuler ou passer sans remede ce que nous auons remarqué deuoir estre reformé en la conduite des hommes & femmes qui resident en cét Hospital, pour y establir vne solide pieté, & vne obser-

uance vigoureuſe de la diſcipline ancienne, Nous auons
eſtimé que les reigles qui ont eſté ſagement eſtablies ſelon
les Decrets des ſainċts Canons en la premiere inſtitution,
doiuent eſtre inuiolablement obſeruées ; mais que le changement des temps demande de nous quelque nouuelles
conſtitutions , dont l'experience a deſcouuert la neceſſité
pour le plus grand aduantage de l'Hoſpital, & des perſonnes qui y demeurent. C'eſt pourquoy, par l'aduis des mieux
cenſez de noſtre Dioceſe, nous les auons voulu rediger par
eſcrit aprés vne meure deliberation, afin qu'elles ſoient inuiolablement obſeruées à l'aduenir, & qu'elles durent à perpetuité : Voulans & ordonnans, ſelon les Decrets des Canons
Eccleſiaſtiques , que les Freres & Sœurs qui ſont à preſent
dans l'Hoſpital, & qui y ſeront admis cy-aprés pour le
ſoulagement des pauures Malades , neceſſités & commo-
dités de la Maiſon, ſoient tenus de nous obeïr fidelement
en toutes choſes , & à nos ſucceſſeurs Archeueſques, ou à
ceux qui ſeront par nous deputez & commis, & qu'à l'aduenir nul ne ſoit receu pour Frere ou Sœur, ou pour Oblat
dans l'Hoſpital, s'il n'eſt reſolu de donner, & s'il ne donne
en effeċt auparauant ſa perſonne, & tous ſes biens, à condition neantmoins qu'il en pourra joüir ſa vie durant, ſans
auoir faculté d'aliener les immeubles, & ſans pouuoir pendant ſa maladie diſpoſer par teſtament, ou par donnation
entre vifs, d'aucune choſe des ſuſdits biens, ou les aliener
par autre voye, ſans noſtre permiſſion, ou celle de nos ſucceſſeurs , le tout demeurant aprés leur mort , ſans aucune
fraude, à l'Hoſpital. Celuy qui ſera receu Frere ou Sœur,
ou Oblat, jurera en entrant, qu'il apportera tous ſes biens
meubles, & donnera vne declaration par eſcrit de tous ſes
immeubles en quelque lieu qu'ils ſoient ſituez, & la met-
tra entre les mains du Maiſtre & de la Maiſtreſſe de l'Hoſpi-

tal, auec asseurance qu'il en conseruera fidelement le reuenu au profit de la Maison, à perpetuité. Nous voulons aussi que tous ceux qui y seront admis, puissent librement dans l'an de leur entrée retourner au monde, & reprendre leur premiere condition ; & s'ils sortent dans l'année, qu'ils puissent reprendre sans difficulté tous les biens qu'ils auront apporté. Que si dans le temps aucun est trouué incapable, discole ou inutile, nous & nos successeurs ou nos commis, le pourrons renuoyer quand bon nous semblera. Les Femmes seront obligées de coucher au Dortoir, & de manger au Refectoir, s'il n'y a excuse de vieillesse, infirmité, ou autre cause legitime, pour laquelle la Maistresse les doiue exempter ; & pas vne d'entre-elles ne sortita de l'Hospital sans sa permission, & sans estre accompagnée d'vne ancienne qui luy sera donnée par la Maistresse, la conscience de laquelle nous chargeons de la necessité ou vtilité de ces sorties ; & quand il sera necessaire qu'elles le fassent, ce ne sera pas auant l'heure de Prime sonnée en l'Eglise de Reims, & celles qui seront sorties retourneront dans l'heure du disner ; & s'il arriue qu'il y aye occasion de sortir aprés le disner, elles retourneront à l'heure des Nones, & au plus tard, auant le coucher du Soleil, & ne pourront demeurer en Ville à disner ou à soupper, sans la permission de la Maistresse, ny en autres maisons que celles de leurs parens, amis & alliez, jusqu'au troisiesme degré inclusiuement, ce qui ne se fera que fort rarement, & en la compagnie de la Sœur que la Mere aura trouué bon de choisir, pour accompagner celle qui deura sortir. Nous permettons que trois ou quatre au plus puissent sortir, pour pouruoir aux necessités des Pauures, ou pour oüir la Messe en l'vne des deux Eglises les plus prochaines, ou pour entendre la Predication, auec le sçeu pourtant & la permission de la Maistresse, & qu'elles

foient accompagnées comme il a eſté cy-deuant dit ; &
qu'és ſorties qu'elles feront pour toutes ces choſes, elles ne
puiſſent entrer en aucune maiſon de la Ville, qu'au prea-
lable elles ne ſoient retournées à l'Hoſpital. Nous ordonnons auſſi que s'il arriue que quelqu'vn des Freres ou Sœurs
ſoit mis hors par nous ou nos ſucceſſeurs, ou commis, pour
quelque crime ou faute notable, ou qu'il vienne à ſortir
pour ſe marier ou pour autre cauſe, aprés l'an de ſon entrée,
tous les biens meubles & immeubles qu'il aura apporté,
appartiennent à tousjours à l'Hoſpital, ſans qu'il y puiſſe
jamais rien pretendre, ny aucun autre en ſon lieu, ſoit à
titre de ſucceſſion ou de vendition, ou à quelque autre
titre que ce ſoit, quand il ſeroit onereux. Il ne ſera pas
loiſible à aucun homme d'entrer dans l'Hoſpital pour y
boire ou manger, en autre lieu que dans le Refectoir, en
la preſence de la Maiſtreſſe, & par ſa permiſſion, & pour
cauſe legitime & honneſte. Nous defendons pareillement,
ſous peine d'excommunication, d'admettre à l'aduenir des
Comediens, Ioüeurs de Farce, ou autres perſonnes de cette
qualité, dans ledit Hoſpital, pour y repreſenter leurs paſſe-
temps, ſoit auec inſtrument de Muſique, ou autres ; &
ſous cette meſme peine, interdiſons aux Sœurs d'aſſiſter
à ſemblables recreations, au dedans ou au dehors de la
maiſon, Nous reſeruant au ſurplus & à nos ſucceſſeurs, d'im-
poſer aux contreuenans telle autre peine que nous jugerons
à propos, ſelon la qualité du crime, & des perſonnes qui
l'auront commis. Et quant au pouuoir que nous auons
accordé à la Maiſtreſſe, de diſpenſer quelque fois ſur la ſortie des Sœurs, nous entendons qu'elle s'en ſerue rarement,
& qu'elle ne le permette que pour peu de temps, nous reſeruant, & à nos ſucceſſeurs ſeuls, le droit d'en diſpenſer
plus ſouuent & pour vn plus long-temps. Enfin nous voulons

lons qu'en la reception qui se fera audit Hospital, de quelque Frere ou Sœur, toutes les Ordonnances susdites soient leuës hautement & publiquement plusieurs fois en langue vulgaire, afin qu'elles soient entendues de tous, & qu'aucune reception ne se fasse que de nostre seule authorité, & en vertu de nos Lettres patentes scellées de nostre grand Seau, ou celles de nos Successeurs ; n'entendans pas qu'aucune autre personne s'entremette desdites receptions, non pas mesmes nos grands Vicaires, si nous ne leur auons donné vn pouuoir special à cét effect. Et afin que ce soit chose notoire à tous, & que nul n'en pretende cause d'ignorance, Nous auons fait lire nos presens Statuts & Ordonnances en langue vulgaire, aux Maistre & Maistresse dudit Hospital, & aux Freres & Sœurs que nous auons conuoqué à cét effect, leur enjoignant tres-expressement de les obseruer chacun à leur regard, & de les faire obseruer à tousjours par tous ceux qui y seront admis. Et pour les rendre d'autant plus publiques, & en augmenter la vigueur, Nous les auons fait publier & notifier par deux jours de Dimanche en nostre Eglise pendant la celebration de la Messe, & afficher aux portaux, aprés les auoir fait signer par Notaires publiques, & y apposer le Scel ordinaire de nostre Archeuesché. Fait & passé à Reims en la Chapelle de nostre Chasteau de Porte-Mars, l'an de l'Incarnation de nostre Seigneur mil trois cens nonante & vn, indiction quatriesme, le treziesme du mois de Iuin, & du Pontificat de nostre Sainct Pere Clement VII. le treziesme. Presens Ponsard de Mesmont, Maistre Colard d'Auberiue, Milon de Champigny, & Pierre de Beaumont en Portien, Freres dudit Hospital ; Et Alizon d'Attigny Maistresse, Izabeau de Beyne, Poncette la Toussaine, & Ieanne de Bourgongne Sœurs : Venerables, Religieuses, & discrettes personnes Guillaume de Cambert li-

C

cencié és Decrets , & Official de Reims, Pierre Bernard, Henry de Marolle Prieur, Robert d'Ambonnay Aumofnier du Monaftere de Sainct Denys dudit Reims , Hugues de Nizy Prieur du Val des Efcoliers, Iacques Bruifort Lecteur ordinaire en Theologie du Conuent des Cordeliers, Noble homme Henry des Valées Efcuyer , Nicaife de Cremery Bailly, Philippes la Barbe Preuoft de Reims , Henry Sauoye noftre Procureur, Iean Godel Notaire Royal , François la Barbe , Iean de Ferron, Iean Caillard , Pierre Perin, & Iacques la Barbe Efcheuins dudit Reims , & plufieurs autres tefmoins fideles à ce appellez.

NOVS Guillaume du Rocher Notaire Apoftolique du Diocefe de Paris, certifions auoir efté prefens lors que ces Statuts & Ordonnances en la forme qu'ils font cy - deffus redigez , ont efté propofez , publiez , & expliquez en françois par Reuerend Pere en Dieu Guy Archeuefque de Reims, l'an, indiction, mois, jour, Pontificat, & lieu cy-deuant rapporté, en la prefence des Freres & Sœurs dudit Hofpital, & des tefmoins y enoncez, aufquels ledit Seigneur Archeuefque a enjoint de les obferuer. Et le lendemain Ieudy quinziefme dudit mois de Iuin, nous auons auffi efté prefens lors que venerable & difcrette perfonne Maiftre Guillaume de Cambert licencié és Decrets & Official de Reims, a expofé en françois par le commandement dudit Seigneur Archeuefque, les fufdits Statuts & Ordonnances en la Chapelle dudit Hofpital, à Ponfard de Mefmont Maiftre , Colard d'Auberiue , Milon de Champigny , & Pierre de Beaumont en Portien, Freres ; Et Alizon d'Attigny Maiftreffe, Ieanne de Bourgongne, Izabeau de Beyne, Alipe de Braye en Launois, Ponce la Touffaine, & Marguerite la Celiere Sœurs dudit Hofpital , affemblez à cét effect en la prefence de religieufes & difcrettes perfonnes
_ere Hugues de Nizy Prieur, Iean Varnier Chanoine du

Val des Escoliers, Henry de Marcüil Prieur du Monastere de Sainct Denys Ordre de Sainct Augustin, Regnaut Hemart de Montbret Notaire de la Cour de Reims, & Pierre de Cambre Clerc du Diocese d'Arras, & plusieurs autres tesmoins dignes de foy à ce appellez, auec discrette personne Maistre Regnaut Ginotelle Notaire Apostolique & Imperial soubscrit, lequel j'ay assisté pour rediger les presentes par escrit en forme authentique, & les ay soubscrit auec luy de mon propre signe, & y ay attaché le Scel dudit Seigneur Archeuesque par son commandement, afin qu'il fasse pleine foy aux siecles à venir. Et le vingt-cinquiesme jour du mesme mois, j'ay aussi esté present auec ledit Maistre Regnaut Ginotelle, à la lecture qui en a esté faite en l'Eglise de Reims pendant la grande Messe, & les ay veu auec luy afficher aux Portes de la mesme Eglise, en la presence de discrette personne Maistre Iean de Mont-Faucon Promoteur de la Cour spirituelle, & de Damoiselle Alide de Limense d'Ambrun, & de plusieurs autres tesmoins à ce appellez.

E T Nous Regnaut Ginotelle de Thil Clerc du Diocese de Reims, Notaire Apostolique & Imperial, j'ay assisté & esté present auec ledit Maistre Guillaume Rocher Notaire, & les tesmoins cy-deuant rapportez, lors que les presens Statuts & Ordonnances ont esté publiez & notifiez par Reuerend Pere en Dieu Guy Archeuesque de Reims ; En foy dequoy je les ay escrit de ma propre main, ainsi qu'il est cy-dessus rapporté par Maistre Guillaume Rocher Notaire. Et aprés les auoir ainsi redigé, veu & oüy, je les ay mis en cette forme authentique auec le susdit Notaire, & les ay signé de mon signe ordinaire auec luy, & auons apposé le Scel dudit Seigneur Archeuesque par son commandement, afin de faire foy à la posterité.

C 2

CONCORDATS ENTRE LE REVE-1407

rendissme Archeuesque Duc de Reims, premier Pair de France, Legat né du Sainct Siege Apostolique:

L'ABBE', RELIGIEVX, ET CONVENT DE Sainct Antoine en Viennois, & le Commandeur de Troyes, des années 1407. & 1444. par lesquels est justifié que toute l'authorité, conduite, & jurisdiction, tant au spirituel qu'au temporel dudit Hospital, sur les biens & sur les personnes, appartient audit Seigneur Archeuesque de Reims, qui en est le Fondateur & Collateur.

Premier Concordat de l'an mil quatre cens sept.

TOVS ceux qui ces presentes Lettres verront: Guy de Roye, par la Grace de Dieu, Archeuesque, & Gerontin aussi par la Misericorde Diuine, Abbé du Monastere de S. Antoine, Ordre de Sainct Augustin, Diocese de Vienne, & le Commandeur perpetuel de la Maison de S. Antoine de Troyes, & du susdit Monastere, Salut, & sincere dilection en nostre Seigneur. Comme il paroissoit quelque sujet de different entre Nous Guy Archeuesque de Reims, & Gerontin Abbé, & le Commandeur de Troyes, à cause de nostre Commanderie dudit Troyes, & le Conuent de ladite Abbaye de Sainct Antoine de Viennois, touchant quelques droicts de l'Hospital de Sainct Antoine de Reims, dont Nous Guy Archeuesque, & nos successeurs Archeuesques, auons seuls la pleine & entiere direction. Enfin,

voulans eſtablir entre Nous vne concorde inuiolable touchant leſdits droiɔts , Nous auons vnanimement accordé
nos differens en la forme qui ſuit. C'eſt à ſçauoir, que nous
Abbé & Commandeur de Troyes, ou le Commandeur
qui ſera pour lors, aurons droiɔt de preſenter au Seigneur
Archeueſque de Reims, & à ſes ſucceſſeurs Archeueſques,
vn Religieux Preſtre, ou quelque autre perſonne de noſtre
Ordre capable de gouuerner ledit Hoſpital , qui ſera admis par ledit Seigneur Archeueſque ou ſon ſucceſſeur,
bien qu'il fuſt pourueu de quelque benefice, ou de quelque
autre adminiſtration, & ſera ledit Religieux choiſy, & obligé
de garder les Statuts & la Reigle de noſtre Ordre ; & s'il a
le caraɔtere de Preſtriſe , celebrer la ſainɔte Meſſe audit
Hoſpital, au moins les Dimanches & les Feſtes, à quelque
titre qu'il y ayt eſté admis, & d'y faire le Seruice ſuiuant les
ceremonies de nos Egliſes, & adminiſtrer les Sacremens aux
pauures Malades de ladite Maiſon autant que cela ſe pourra
faire commodement, & qu'il en ſera beſoin. Ne pourra demeurer audit Hoſpital plus de trois ans, ſi ce n'eſt du conſentement dudit Archeueſque, & ſera puny de ſes deſordres
par le ſuſdit Seigneur Archeueſque, qui demeurera à ce regard ſubrogé en noſtre place, & en noſtre authorité , &
celle de noſtre ordre, ſans qu'en cela il ſoit fait aucun prejudice à nos Priuileges.

QVE ledit Hoſpital ſera tenu de nous defrayer hon-
neſtement l'eſpace de deux ou trois jours, & non dauantage, tout ainſi qu'il feroit le Commandeur de Troyes, ou
celuy qui ſeroit pour lors deputé par l'vn ou l'autre de nous,
lors que nous y viendrons vne fois en trois ans auec deux
Seruiteurs & trois Cheuaux, pour cognoiſtre s'il ſera expedient que le Religieux Adminiſtrateur demeure plus long-
temps ou non audit Hoſpital, & pour cognoiſtre quelle eſt
ſa conduite,

ſa conduite, & informer de ſes vie & mœurs, pour les frais duquel voyage, ledit Hoſpital ſera tenu de nous donner, ou au Commandeur qui ſera pour lors, la ſomme de dix liures tournois, ſans que nous Abbé de Sainct Antoine, ou Commandeur de Troyes, puiſſions rappeller ledit Religieux Adminiſtrateur auant les trois ans, contre la volonté dudit Seigneur Archeueſque. Mais s'il arriuoit qu'il le deteint priſonnier pour ſes fautes, ou qu'il luy euſt impoſé quelque autre punition pendant ce temps, nous le pourrons retirer, rappeller, & reprendre des mains dudit Seigneur Archeueſque ou de ſes ſucceſſeurs, pour le punir, ou en diſpoſer autrement ſelon l'exigence du cas, lors que nous le trouuerons à propos.

E T Nous Archeueſque de Reims, & nos ſucceſſeurs qui ſeront pour lors, ſerons tenus de remettre auſſi-toſt le meſme Religieux entre les mains du ſuſdit Abbé ou Cómandeur, ou d'autre perſonne par eux enuoyée, en deſdómageant neantmoins ledit Hoſpital, en cas qu'il ſe trouue que le ſuſdit Religieux y ayt fait quelque tort par le diuertiſſement des biens qui en dependent, ou par quelqu'autre voye ; lequel Religieux aura ſoin, agira, ſollicitera, & fera toutes les affaires dudit Hoſpital, ſuiuant les ordres du Seigneur Archeueſque, auquel ou à ſes deputez, il rendra compte de l'eſtat & gouuernement de la Maiſon, toutes les fois que le ſuſdit Seigneur Archeueſque ou ſes ſucceſſeurs le trouueront à propos.

N O V S Abbé ou Commandeur pourrons enſemble, ou le Commandeur ſeul, viſiter les autres perſonnes dudit Hoſpital, & l'eſtat de la Maiſon, pour y procurer le bon-heur de la conſolation ſpirituelle, & l'augmentation du temporel, nous informer de l'vn & l'autre auec douceur & bienſeance, & rapporter ſelon la verité & l'obligation de noſtre conscience au Seigneur Archeuesque ou ses successeurs, ce que nous aurons recogneu, afin qu'il pouruoye selon son pouuoir & authorité aux desordres, qui peut-estre auparauant ne seroient venus à sa cognoissance. Sera faite queste d'icy en auant au temps accoustumé, sous le nom de Sainct Antoine, dans la Ville & tout le Diocese, par ceux que ledit Hospital commettra, le profit de laquelle queste appartiendra audit Hospital seul : Et lors qu'il se fera des questes de cette qualité sous le nom du Monastere de S. Antoine, tout ce qui en prouiendra aussi bien que les Legs pieux & Oblations, & toutes autres choses qui se donneront par deuotion, appartiendront entierement & à tousjours au susdit Hospital, tout ainsi que les autres biens qui luy ont esté cy-deuant donnez dans la Ville & tout le Diocese. Et à cette fin, nous Abbé ou Commandeur de Troyes, serons tenus de liurer, selon qu'il est accoustumé, le Breuet necessaire à ceux qui seront commis à ladite queste, lequel nous enuoyerons ou porterons auec nous lors que nous irons en ladite Ville, pour estre mis entre les mains dudit Seigneur Archeuesque, afin que ladite queste se fasse dans la Ville & dans son Diocese. Et en recompense des biens qui prouiendront de ladite queste, & des Legs & Oblations qui se feront en consequence d'icelle, & des frais qu'il conuiendra employer, nous Abbé & Commandeur de Troyes, ou le Commandeur qui sera pour lors, receurons sur tout le reuenu dudit Hospital, & sur ladite queste, dans la quinzaine aprés Pasques, la somme de quarante liures tournois, à prendre sur la queste dudit Hospital par preference, tandis que nous viurons ; Et aprés nostre decez, le Commandeur de Troyes qui sera pour lors, receura pour raison des susdits profits, la somme de vingt liures tournois, qui sera payée de bonne foy soit à luy, ou à celuy qui sera porteur de sa procuration , à quoy tous les biens dudit Hospital seront specialement affectez, sans diminution dequoy ledit Hospital sera tenu de receuoir ceux qui seront atteints du mal nommé communement le Feu de Sainct Antoine , comme aussi les traicter charitablement ; & en cas qu'on ayt esté contraint de leur retrancher quelqu'vn de leurs membres, & qu'ils soient reduits dans l'impuissance de gagner leur Pain, ledit Hospital sera tenu de les nourrir & entretenir le reste de leurs jours, suiuant la coustume gardée dans l'Ordre de Sainct Antoine : Et où le susdit Hospital seroit surchargé de Malades de cette qualité , ledit Religieux Administrateur pourra enuoyer les surnumeraires au Commandeur de Troyes, qui sera tenu de les receuoir, & leur fournir ou faire donner tout ce qui leur sera necessaire. Mais s'il arriuoit par mal-heur (ce qu'à Dieu ne plaise) que par les troubles de la Guerre, ou le defaut de charité du Peuple, ou de la Prouince, ou chose semblable, les questes & les aumosnes fussent tellement diminuées , que les biens de la Maison ne peussent suffire à la subsistance des pauures Malades, des Freres & Sœurs dudit Hospital, & entretenement des Bastimens , après la particuliere cognoissance que le Commandeur de Troyes ou son commis en auroit eu par la deposition & le serment de toutes les personnes de la Maison, ou bien par quelques autres preuues legitimes, en ce cas ledit Commandeur sera tenu remettre ou diminuer de ladite somme autant que la necessité du temps le requerera, selon la justice & l'estimation qui en sera faite par personnes de Probité, après toutefois que ledit Commandeur en aura esté suffisamment certioré par le serment que tous ceux qui seront audit Hospital feront entre ses mains, ou de celuy qu'il deputera à cét effect, ou par autre voye conuenable.

SEMBLABLEMENT, Nous Abbé & le Commandeur qui fera pour lors, ou autre dudit Ordre, ne pourrons prendre de tous les biens dudit Hofpital, ou de ceux du Religieux qui fera enuoyé pour y feruir, que fon Breuiaire & fon Manteau feulement. Et de plus, les Freres & Sœurs conuers dudit Hofpital pourront porter vne Croix de drap bleu en la façon ordinaire, ainfi que les autres qui font du mefme Ordre la portent, & feront auec les autres Pauures & Bien-faicteurs de la Maifon affociez par Lettres patentes du Chapitre general : Et dés à prefent nous Abbé & Conuent, voulons qu'ils foient affociez aux Oraifons, Ieunes, Aumofnes, & autres biens fpirituels que nous & les Religieux de noftre Ordre faifons, & qu'ils foient participans autant qu'il plaira à la Bonté diuine, des Indulgences accordées à nous & à nos Bien-faicteurs, comme refpectiuement nous & nos Religieux, les pauures Malades, & nos Bien-faicteurs, ferons affociez aux merites dudit Hofpital.

ET nous Archeuefque de Reims, voulons auffi de noftre part, que dés maintenant lefdits Abbé, Religieux, & Malades foient participans à tousjours de tous les biens fpirituels dudit Hofpital de Reims, dans vne faincte & charitable vnion : Et remettant de part & d'autre toutes plaintes & pretenfions, & Priuileges pretendus dudit Ordre, nous fommes demeurez d'accord fans nous y arrefter, que ledit Hofpital demeurera en la pleine & entiere puiffance & difpofition du Seigneur Archeuefque de Reims, & de fes fucceffeurs Archeuefques, ainfi qu'il a tousjours efté jufques à prefent, tant au regard des perfonnes, que des biens de la Maifon, à l'exception dudit Frere Adminiftrateur, au regard duquel fera obferué ce qui a efté dit cy-deffus ; côme auffi au regard des autres Freres de noftre Ordre qui pourront eftre admis quelquefois en cas de neceffité, dans ledit

Hospital, ce qui né se pourra faire que du consentement exprez du Seigneur Archeuesque, ou de ses successeurs.

PAREILLEMENT, Nous Archeuesque, Abbé & Conuent cy-dessus nommez, voulons que moyennant le present accord & conuentions, il y ayt entre nous cy-aprés, comme auparauant, vne paix perpetuelle, & stable amitié : Toutes lesquelles choses, nous Archeuesque de Reims, Abbé & Conuent, nous auons promis & promettons de bonne foy, d'executer & inuiolablement garder, sous l'expresse hypotheque & obligations de tous nos biens meubles & immeubles, presens & à venir, & de nos successeurs ; en foy de quoy nous auons en presence de plusieurs à ce appellez, fait signer ces presentes par Notaires jurez cy-dessous escrits, & fait mettre nos Seaux. Nous Guido Archeuesque de Reims en nostre Chasteau de Porte-Mars, l'an mil quatre cens sept, indiction quinziesme, & le dernier jour du mois d'Aoust, le treiziesme du Pontificat de Nostre S. Pere le Pape Benoist treiziesme, en presence de Reuerend Pere en Dieu F. Abbé & Religieux du Monastere de S. Denys de Reims, Ordre de S. Augustin, & discrettes personnes Dom Simon Rollier, Religieux & Superieur du mesme Conuent, Maistres Iean Raimont, & Iean le Febvre Licenciez és Loix, Iean Errard, Chanoine de Chaalons, Iean l'Hermitte Prestre, Iean le Marcq, & Iean Honorat, Chanoines de l'Eglise Collegiate de Sainct Pierre au Parvis de Soissons, tesmoins particulierement appellez à tout ce qui est couché cy-dessus : Et nous Gerontin Abbé & Commandeur, & au nom dudit Conuent en nostre Monastere de S. Antoine de Vienne, les mesmes an, indiction, jour, mois, Pontificat, & tesmoins rapportez en la signature du Notaire nommé cy-dessous, par nous appellé à cét effect.

ET moy Bertrand Baillet Clerc du Diocefe de Soiffons, Notaire Apoftolique & Tabellion en la Cour Spirituelle de Reims, appellé auec lefdits tefmoins à toutes les chofes cy-deffus, qui ont efté faites & accordées par Tres-Reuerend Pere en Dieu Guy Archeuefque de Reims, je les ay receu, & ces prefentes fait efcrire fidelement par vn autre, (eftant occupé ailleurs) & ay figné par l'Ordonnance dudit Seigneur Archeuefque, qui a voulu que fon Scel y fuft mis.

ET moy Adam de Salice Clerc de Mutry, Diocefe de Meaux, demeurant maintenant en la ville de Romans, Diocefe de Vienne, Notaire Apoftolique és Officialités de Vienne & de Paris, l'an 1407. indiction premiere, le penultiefme jour du mois d'Octobre, le quatorziefme du Pontificat de noftre Sainct Pere le Pape Benoift XIII. j'ay efté prefent à toutes les chofes cy-deffus, qui ont efté faites & accordées par lefdits Seigneur Abbé & Conuent, en prefence auffi de Nobles & difcrettes perfonnes Falernefe de Lucratz, Chaftelain de S. Antoine, Pierre de Roger, Eracle de Montagnes, Antoine de Chafteau-neuf Domeftiques, Eftienne Seuilly, & Guillaume le Roy Notaires Iurez, Gilles du Bois, & Pierre Marchand Valet de la Chambre dudit Seigneur Abbé, tous tefmoins à ce particulierement appellez, en la prefence defquels j'ay receu ces prefentes, & icelles fait efcrire fidelement par vn autre, & les ay figné par l'Ordonnance defdits Seigneur Abbé & Conuent, qui ont voulu que leur Scel y fuft mis.

SECOND CONCORDAT DE L'AN *mil quatre cens quarante-quatre*.

V Nom du Seigneur, Ainſi ſoit-il. A tous 1444 ceux qui ces preſentes Lettres verront: Les Vicaires Generaux au Spirituel & Temporel de Tres-Reuerend Pere en Dieu & Seigneur, Regnaut par la Grace de Dieu, Archeueſque de Reims, abſent pour le preſent de ſes Ville & Dioceſe ; & Humbert Abbé de l'Egliſe & Monaſtere de S. Antoine, Ordre de S. Auguſtin, Dioceſe de Vienne, & tout le Conuent du meſme lieu ; & Arnoud le Vaſſaut Commandeur de l'Hoſpital de Troyes, Salut en celuy qui eſt le ſalut de tous. Il y a quelque temps qu'il paruſt occaſion de procez entre tres-Reuerend Pere en Dieu Guy Archeueſque de Reims, d'vne part, & Reuerend Pere en Dieu Gerontin Abbé dudit Monaſtere de S. Antoine, & le Commandeur perpetuel de la Maiſon & Hoſpital de S. Antoine de Troyes, & le Conuent du meſme Monaſtere, d'autre part ; A l'occaſion de quelques droits appartenans à l'Hoſpital de S. Antoine de Reims, dont le ſuſdit Seigneur Archeueſque & ſes ſucceſſeurs, auoient & deuoient auoir la pleine & entiere diſpoſition : Pour euiter laquelle occaſion, & empeſcher les inconueniens que ces ſortes de Procez ont couſtume de cauſer, les parties tranſigerent & firent rediger par eſcrit les conditions de leur accommodement, ainſi qu'il paroiſt par le Concordat cy-deſſus rapporté ; Et entre autres choſes demeurerent d'accord, que ledit Gerontin Abbé, le Commandeur de Troyes, ou ſes ſucceſſeurs à la

E

Commanderie, preſenteroient au Seigneur Archeueſque de
Reims, & à ſes ſucceſſeurs Archeueſques, pour preſider audit Hoſpital, vn Religieux Preſtre, ou quelqu'autre perſonne capable du meſme Ordre, lequel il ne pourroit re-
fuſer, encore bien qu'il fuſt pourueu de quelque Benefice,
ou de quelqu'autre Adminiſtration, lequel Religieux pre-
ſenté & receu, ſeroit obligé de garder les Statuts & la Reigle dudit Ordre ; & en cas qu'il fuſt Preſtre, celebrer la
Saincte Meſſe audit Hoſpital, au moins les Dimanches &
les Feſtes ; faire le Seruice ſuiuant les ceremonies du meſme
Ordre, & adminiſtrer les Sacremens aux pauures Malades
dudit Hoſpital autant qu'il en ſeroit beſoin, & ſelon qu'il
ſe pourroit faire commodement ; & reſider ſans diſconti-
nuation audit Hoſpital l'eſpace de trois ans, & non dauantage, ſi ce n'eſtoit par la permiſſion, & du conſentement
dudit Seigneur Archeueſque ; ſe ſoumettre à la juriſdiction
Eccleſiaſtique du meſme Seigneur Archeueſque, & receuoir
de luy ou de ſes grands Vicaires ou Officiaux, la punition
de ſes fautes, laquelle punition ils impoſeroient comme
ſubrogée en cela à l'authorité dudit Abbé, & dudit Ordre
de Sainct Antoine, ſans prejudice en autre choſe de ſes
Droicts & Priuileges ; & que d'ailleurs ledit Hoſpital ſeroit tenu de defrayer l'eſpace de deux ou trois jours, &
non dauantage, le Seigneur Abbé, ou le Commandeur de Troyes, ou ſon deputé, ſelon leurs qualités,
lors qu'ils y viendroient vne fois ſeulement en trois
ans, auec deux ſeruiteurs & trois Cheuaux, pour cognoiſtre s'il ſeroit expedient ou non, que ledit Religieux de-
meuraſt dauantage audit Hoſpital, & pour s'informer de
ſa conduitte ; pour la deſpence duquel Abbé, ou de ſon
ſucceſſeur qui ſeroit pour lors en la Commanderie de Troyes,
ledit Hoſpital ſeroit obligé luy payer la ſomme de dix

liures tournois ; & de plus, que ledit Abbé, ou celuy qui luy succederoit en ladite Commanderie de Troyes, n'auroit aucun droit ny pouuoir de rappeller & faire sortir dudit Hospital, pendant le cours desdites trois années, le susdit Religieux Administrateur, contre la volonté & agréement dudit Seigneur Archeuesque ; & que s'il arriuoit qu'il fust tenu pour ses crimes par ledit Seigneur Archeuesque dans ses prisons, ou en quelques autres, il seroit permis au Seigneur Abbé & à ses successeurs Commandeurs de Troyes, de le repeter pour le punir selon l'exigence du cas, ce que ledit Seigneur Archeuesque ne luy pourroit refuser, ains seroit tenu le remettre aussi - tost entre les mains dudit Abbé ou Commandeur, ou celles de leurs deputez, aprés toutefois que ledit Hospital auroit esté indemnisé, s'il se trouuoit que le susdit Religieux Administrateur en eust emporté quelque chose, ou causé quelqu'autre dommage. Que la fonction dudit Religieux Administrateur seroit d'auoir soin, solliciter, & gouuerner toutes les affaires de la Maison, suiuant les Ordres dudit Seigneur Archeuesque, & luy rendre compte de l'estat & gouuernement dudit Hospital, toutes les fois que luy ou ses successeurs le trouueroient à propos, & que pour toute recompense des biens prouenans de la queste, offrandes, legs & autres reuenus, ledit Seigneur Abbé ou le Commandeur de Troyes qui seroit pour lors, receuroit tous les ans dans la quinzaine aprés Pasques, pendant la vie dudit Abbé, la somme de quarante liures, à prendre deuant toutes autres choses sur la queste dudit Hospital ; & aprés le decez du mesme Abbé, le Cómandeur de Troyes ou ses successeurs, receuroient tous les ans à raison des susdits profits, la somme de vingt liures tournois, selon qu'il est contenu plus amplement aux Lettres données & accordées par les susdits

Seigneurs Guy Archeuefque de Reims, Abbé & Conuent du Monaftere de Sainct Antoine, fcellées de leurs Seaux, & fignées de la main de difcrettes perfonnes Bertrand Baillet, Tabellion en la Cour Spirituelle de Reims, & Adam de Salice de Mutry, Notaire Iuré és Officialités de Vienne & de Paris ; lefquelles conuentions ledit Seigneur Guy Archeuefque de Reims, & fes fucceffeurs, & ledit Abbé & Commandeur de Troyes, & fes fucceffeurs Commandeurs, ont tousjours religieufement obferué jufques à prefent. Et bien qu'au temps qu'elles ont efté faites & arreftées, elles fe foient trouuées aduantageufes audit Hofpital, elles font neantmoins deuenuës par fucceffion de temps, & font à prefent moins vtiles, pour des raifons qui nous font affez cogneuës, & vne bonne partie fuccede maintenant au def-auantage dudit Hofpital, comme l'experience l'a fait voir, & principalement à caufe du changement qui fe pouuoit faire, & fe faifoit ordinairement dudit Religieux Admini-ftrateur au bout de trois ans, pendant lequel temps, à peine pouuoit-il auoir vne entiere cognoiffance des affaires. Ioint auffi que les Religieux qu'on auoit accouftumé de prefen-ter pour adminiftrer ledit Hofpital, eftoient de pays efloi-gnez, & n'auoient jamais auparauant fait aucune demeure audit Hofpital, pourquoy ils n'en pouuoient pas cognoi-ftre l'ordre & la conduite ; outre plufieurs autres raifons qui nous ont fait cognoiftre, que fi lefdites conuentions & or-donnances fubfiftoient plus long-temps, elles apporte-roient, comme elles ont defia fait, vn notable prejudice audit Hofpital de Reims, & en pourroient auec le temps, caufer la ruine & la defolation entiere.

E T partant, Nous fufdits Vicaires de Tres-Reuerend Pere en Dieu & Seigneur, Regnaut Archeuefque de Reims, expreffemét deleguez par Lettres patentes à nous addreffées, pour accorder & arrefter ce qui fuit cy-aprés; Et l'Abbé & Conuent de Sainét Antoine au Diocefe de Vienne, & le Commandeur de Troyes cy-deffus nommez, defirans autant qu'il nous eft poffible, obuier à ces inconueniens, & y pouruoir de remedes conuenables, Voulons & ordonnons par la teneure de ces prefentes, que toutes les fois qu'il arriuera à l'aduenir occafion de changement du Religieux Adminiftrateur dudit Hofpital, foit par demiffion, mort, ou autre changement, ledit Reuerend Pere en Dieu Archeuefque de Reims qui fera pour lors, ou fes Officiers commis, pourront eflire & nommer vn des Religieux refidans audit Hofpital, ou bien quelqu'autre fuffisát & capable pour la conduite d'iceluy, durant tout le cours de fa vie, lequel ayant efté ainfi efleu & nómé, le Commandeur de S. Antoine de Troyes fera tenu prefenter fans aucune difficulté audit Seigneur Archeuefque de Reims; fi que ledit Religieux ou autre prefenté en cette forme, & receu par le Seigneur Archeuefque pour prefider audit Hofpital, fera obligé garder les Statuts & la Reigle de l'Ordre dudit Hofpital de S. Antoine de Troyes; & s'il a le charaétere de Preftrife, celebrer en l'Hofpital la Ste. Meffe au moins les Dimanches & les Feftes; faire le Seruice Diuin ainfi qu'il eft accouftumé, ou les faire celebrer par quelqu'autre; adminiftrer les Sacremens de l'Eglife aux paures Malades, & aux autres Religieux & perfonnes refidantes audit Hofpital, felon qu'il en fera befoin, & qu'il fe pourra faire commodement; comme auffi fubir la jurifdiétion ciuille & criminelle du Seigneur Archeuefque, & non d'autre, pour eftre par luy ou fes Officiaux, puny des crimes qu'il commettra, auffi bien que les autres Religieux dudit Hofpital s'ils en commettent: Et pourra le Commandeur de Troyes, quel qu'il foit ou fera, vifiter en trois ans vne fois ledit Hfpital & les Religieux y refidans, & fera

ledit Hofpital tenu le receuoir ou fon commis honnefte-
ment l'efpace de deux ou trois jours, & non dauantage,
auec deux Seruiteurs & trois Cheuaux ; & pour chacune
fois, luy donner fur les biens dudit Hofpital, la fomme de
dix liures tournois, pour les frais de fon voyage ; & aura
le Religieux fufdit le foin & intendance de toutes les affaires de ladite Maifon, fous l'authorité neantmoins dudit
Seigneur Archeuefque de Reims, qui s'informera par luy
ou par fes commis de l'eftat dudit Hofpital, des mœurs &
de la conduite des Religieux, & de la reception, nourriture & entretenement des pauures Malades, afin qu'en cas
de negligence de celuy qui en aura la charge, il puiffe y
apporter les remedes conuenables. Comme auffi le Commandeur de Troyes, quel qu'il foit ou fera, receura cy-
aprés tous les ans à perpetuité, dans la quinzaine aprés Paf-
ques, la fomme de quarante liures, que ledit Hofpital fera
tenu luy payer pour les Offrandes, Legs, & Emolumens
qui prouiendront de ladite quefte. Et au regard des autres articles contenus & declarez au Concordat paffé par
tres-Reuerend Pere en Dieu Guy Archeuefque de Reims,
& Gerontin Abbé, & Commandeur de Troyes, & le fufdit Conuent, Nous voulons qu'ils demeurent perpetuelle-
ment en leur force & vertu : Promettans Nous Vicaires de
tres-Reuerend Pere en Dieu Regnaut Archeuefque de
Reims, pour & au nom du mefme Seigneur, & Nous
Abbé, Conuent, & Commandeur de Troyes, faire entretenir, & inuiolablement garder les chofes cy-deffus efcrites
& arreftées, fans jamais y contreuenir, fous l'obligation
& hypotheque de tous & vn chacun les biens meubles &
immeubles dudit Archeuefché, & de l'Eglife ou Monaftere de S. Antoine de Vienne, & Commanderie de Troyes:
En foy de quoy nous auons fait figner ces prefentes par

Notaires jurez, en la preſence de quelques teſmoins cy-deſſous eſcrits, & commandé que nos Seaux y fuſſent mis. Fait & paſſé, quant à nous Notaires en l'Archeueſché de Reims, ſous le Seau de la meſme Cour Spirituelle, l'an de grace mil quatre cens quarante-quatre, le quatorzieſme du Pontificat de noſtre S. Pere le Pape Eugene quatrieſme, en preſence de venerables & diſcrettes perſonnes Iacques Pringe Preſtre, Curé de l'Egliſe Paroiſſiale de Remilly, & Maiſtre Pierre Torquet Bailly de Reims, teſmoins appellez. Et quant à nous Humbert Abbé, Arnoud Commandeur de Troyes, & ledit Conuent en noſtre ſuſdit Monaſtere, les jour, mois, & an, indiction, & Pontificat, & preſens les teſmoins rapportez en la ſignature du Notaire, auſſi par nous à ce appellé.

E T parce que moy Iean Budaut de Reims, Clerc & Notaire Apoſtolique, j'ay eſté preſent & appellé auec les teſmoins cy-deſſus nommez, à tout ce qui eſt contenu dans les Lettres faites & accordées par Meſſieurs les Vicaires de Tres-Reuerend Pere en Dieu & Seigneur, Regnaut Archeueſque de Reims, en la ſorte qui eſt dite, les meſmes an & jour que deſſus, j'ay ces preſentes eſcrites fidelement par vn autre, ſigné de ma main, pour plus grande aſſeurance & teſmoignage.

E T moy Iean Probi Clerc de Liege, Maiſtre és Arts & Bachelier en l'vn & l'autre Droict, Notaire Apoſtolique, & Secretaire de Reuerend Pere en Dieu & Seigneur, Humbert par la grace Dieu, Abbé du Monaſtere de S. Antoine de Vienne, j'ay eſté preſent à tout ce qui a eſté fait & accordé par leſdits Seigneur Abbé, & Reuerend F. Arnoud le Vaſſaut Docteur és Decrets, & Commandeur de la Maiſon de Sainct Antoine de Troyes, de leur propre & plein conſentement, ſuiuant la forme & teneure des ſuſdires

Lettres, l'an de grace mil quatre cens quarante-quatre, indiction septiesme, & sixiesme jour du mois de May, le
quatorziesme du Pontificat de nostre Sainct Pere le Pape
Eugene quatriesme, en presence aussi de venerables & discrettes personnes F. Nicolas Stamty Docteur és Decrects,
Antoine de Coatis Sacristain de Saincte Marie , Mathieu
Cornette, Bernard Gaillard, Freres & Chanoines dudit Monastere , & Nobles hommes François de Leue Seigneur de
Mouchet, Chapellain de la Metairie de S. Antoine, Louys
de Bruset Seigneur dudit lieu, Philippes Seigneur de Mont-
rouge, Georges de Crotis, & Bertin Bastard tous tesmoins
à ce appellez ; & pour plus grande asseurance & tesmoi-
gnage, je l'ay receu, & mis ma signature & mon nom auec
le Seau desdits Seigneurs Abbé & Commandeur de Troyes.

TITRES DE L'ESTAT ET DES
Charges de l'Hospital de Saincte Catherine
de Reims.

TOVS ceux qui ces presentes Lettres verront: Iean par la Diuine Prouidence, humble Abbé de l'Eglise ou Monastere de Sainct Denys de Reims, & tout le Conuent du mesme lieu, Salut en nostre Seigneur. IL EST suruenuë contestation & debat entre nous Abbé & Conuent d'vne part, & Me. Iacques de Guiry Aumosnier de ladite Eglise d'autre part, touchant les Comptes & l'esclaircissement de l'estat de l'Aumosne susdite, & des Habits appartenans à l'vsage dudit Aumosnier, & sur plusieurs autres Points & Obligations, desquelles nous pretendions ledit Aumosnier & ses successeurs estre tenus suiuant la Reigle de S. Augustin, & les loüables coustumes de nostre Eglise : A raison dequoy, ayant fait audit Aumosnier plusieurs constitutions & cõmandemens raisonnables, il en auroit interjetté appel au Sainct Siege Apostolique, & obtenu des defenses de les faire executer. Mais enfin, estant rentré en luy-mesme, il en a eu regret, & a recogneu auec sousmission auoir grieuement offencé contre la Religion, & en a demandé pardon, & s'est offert de rendre ses Comptes, & monstrer l'estat de ladite Aumosne, lors & en telle sorte que nous luy voudrions ordonner, promettant à l'aduenir d'estre bon Religieux, & obeïssant en toutes choses, selon la Reigle, Constitutions, & Coustumes de nostre Eglise : C'est pour-

quoy nous Abbé & Conuent, defirans conferuer entre nous
à perpetuité le precieux don de la paix, & euiter qu'à l'aduenir l'Aumofnier ou fes fucceffeurs n'entreprennent de fe
difpenfer des obferuances aufquelles ils font obligez, Auons
refolu de mettre par efcrit vne partie des chofes qui doiuent
eftre faites & pratiquées par ledit Aumofnier, & de les faire
lire & renouueller lors de l'inftitution de chacun de ceux
qui entreront en ladite charge. Et premierement, Cefte
Aumofne eftante de fa nature, & par fon inftitution, &
loüable couftume, practiquée de tout temps vn office ou
charge qui doit eftre adminiftrée par l'vn de nos Religieux
& non autrement, de laquelle l'inftitution & la deftitution
font recogneuës nous appartenir & à nos fucceffeurs, auec
l'aduis de nos Freres qui font nos Confeillers ordinaires,
Nous voulons que celuy qui fera choify à l'aduenir pour
Aumofnier, foit Religieux de noftre Eglife, & qu'il y ayt
fait Profeffion expreffe. Secondement, Qu'il foit tenu de
refider continuellement en noftre Abbaye ; coucher au
Dortoir ; manger au Refectoir ; eftudier au Cloiftre auec
les autres Religieux ; fe trouuer au Chapitre, & affifter aux
Prieres qui fe font tant de jour que de nuict ; fatisfaire aux
fonctions de fa Semaine ; lire au Refectoir, & aux cóferences
qui fe font à certains jours, à fon tour, comme les autres Officiers, felon l'ancienne couftume approuuée en noftre Eglife,
en cas neantmoins qu'il n'aye point d'empéchemét legitime,
& qu'il n'en foit point difpenfé auec cognoiffance de caufe
par les Superieurs, ce qui arriue quelquefois. En troifiefme
lieu, Il eft tenu, felon les conftitutions du Pape Benoift XII.
d'auoir & faire deux regiftres, l'vn defquels fera gardé en
noftre Eglife, & l'autre dans l'Aumofne, & tous deux con-
tiendront fpecifiquement en deftail, tous les Heritages,
Cens, & autres biens immeubles, de quelque nature qu'ils

foient, dependans de fon adminiftration ; tous les Orne-
mens, Meubles, Licts, Beftiaux, & autres chofes mobi-
liaires dependantes du labourage & de l'emmeublement de
ladite Aumofne. En quatriefme lieu, Il eft obligé de nous
rendre compte fidel, & au Prieur de noftre Abbaye, toutes
les fois qu'il nous plaift, de toutes les receptes, mifes &
defpenfes, de tous les legs & oblations, & de toutes les autres chofes qui appartiennent à l'Aumofne à quelque titre
que ce foit, & nous monftrer par efcrit pleinement & clai-
rement l'eftat de fon adminiftration, comme il eft porté
plus amplement dans les conftitutions cy-deuant remar-
quées du Pape Benoift douziefme, & celles de noftre Eglife,
& en la forme qu'il fe pratique par les autres Officiers. En
cinquiefme lieu, Il ne luy eft loifible d'employer les reuenus de ladite Aumofne, à autre vfage qu'à la nourriture
des Pauures, & de ceux qui feront prepofez pour les feruir,
excepté qu'il pourra prendre fes veftemens moderement &
fans excés, felon la qualité d'vn Religieux, & les defpenfes qui feront neceffaires à la follicitude des affaires & procez concernans les biens de ladite Aumofne, & fans qu'il
puiffe aliener aucune partie defdits biens, ou les employer
en defpenfes fuperfluës. En fixiefme lieu, Il ne doit manger en l'Aumofne, ny imiter aucune perfonne du dehors
pour y manger, fans noftre permiffion, ou du Prieur en
noftre abfence. En feptiefme lieu, Il ne luy eft l'oifible de
receuoir ou de donner place en l'Aumofne, ou bailler por-
tion à ceux qui ne font point infirmes, ou qui ont des com-
modités pour foulager leurs neceffités, ny admettre des enfans pour Bourfiers fans noftre licence, ou celle dudit Prieur;
mais feulement des malades de l'vn & l'autre fexe, qui n'ayent
aucuns moyens de fe foulager d'ailleurs. Il pourra neantmoins receuoir vn Maiftre capable pour l'inftruction de fept

Enfans, defquels il pourra auffi faire le choix & du Seruiteur appellé Corbelier, & de la Seruante, qui feront employez à les affifter. En huictiefme lieu, Il ne doit rien exiger pour l'entrée des pauures Enfans qui font receus, nourris, & inftruicts en ladite Aumofne pour l'amour de Dieu, foit auant leur entrée ou depuis : Il luy fera neantmoins loifible de les aduertir de payer, s'ils en ont les moyens, quelques petites Vftancilles de peu de valeur, qui ont couftume d'eftre à l'vfage defdits Enfans, aufquels ledit Aumofnier aura foin de pouruoir d'vn Maiftre de bonne reputation, & capable de les enfeigner & de les informer dans la vertu ; & fera le Maiftre ainfi choify, tenu de faire refidence continuelle auec lefdits Enfans, dans ladite Aumofne. Que s'il fe donne quelque chofe charitablement par Dons ou Legs teftamentaires, au Maiftre ou aux Enfans de ladite Aumofne, l'Aumofnier ou la Maiftreffe de l'Aumofne ne les doiuent pas retenir, & les employer à l'vfage ordinaire des Charges de l'Aumofne : Mais ils doiuent eftre receus par vne des Conuerfes la plus fidelle, efleuë à cét effect par le Maiftre & par lefdits Enfans ; laquelle Conuerfe fera obligée de leur confentement, de les employer vtilement aux neceffités defdits Enfans, & de leur en rendre compte en la prefence de l'Aumofnier ou d'vne autre Conuerfe, fi elle y veut eftre prefente. En neufuiefme lieu, Ledit Aumofnier eft obligé de deferuir foigneufement par luy-mefme, s'il eft poffible, ou par quelque cõmis, s'il ne le peut luy-mefme, la Chapelle fondée dans l'Aumofne, de laquelle il reçoit les reuenus, & celebrer ou faire celebrer deux Meffes au moins par chacune Semaine, à caufe de la Fondatiõ de ladite Chapelle, fi ce n'eft que le Superieur trouue à propos d'en retrancher quelque chofe, ou d'en difpofer autrement. En dixiefme lieu, Il ne doit pas defmolir les anciens Baftimens, ny en edifier des nouueaux, ſans la permiſſion de l'Abbé, ny contracter aucune debte au deſſus de la ſomme qu'il trouuera bon de luy limiter par chacun an, ſuiuant le changement qui ſera arriué à l'eſtat & au reuenu de l'Aumoſne. En vnzieſme lieu, Il eſt obligé de demander fidelement l'aduis de ſon Superieur, & des autres Officiers les plus capables, en tout ce qui concerne l'honneur & l'aduantage de ſon Adminiſtration, & ſuiure de bonne foy ce qu'ils luy conſeilleront, veu que les biens qu'il adminiſtre ne ſont pas ſiens, mais de l'Egliſe, ainſi qu'il reſulte de ce qui a eſté dit cy-deſſus; & en vn mot, faire tout ainſi que les autres Officiers ont accouſtumé de tout temps. En douzieſme lieu, Toutes les fois que l'Au-moſnier a beſoin d'aller en Ville pour les affaires de ſon Adminiſtration, il doit demander permiſſion & compa-gnie comme tous les autres Religieux; & s'il eſt neceſſai-re qu'il ſorte de la Ville à Cheual, il doit monter dans l'enclos du Monaſtere, & y deſcendre à ſon retour, & en ce cas, il prend pour le Cheual vne meſure d'auoyne; & comme il eſt rarement neceſſaire de ſortir à Cheual de la Ville, il n'en doit pas nourrir aucun dans l'Aumoſne. En treizieſme lieu, Puiſque ledit Aumoſnier ne doit pas coucher dans l'Aumoſne, & qu'il n'eſt pas accouſtumé de luy donner la permiſſion d'y coucher, ny de ſouffrir qu'il y en couche d'autres, pour pluſieurs raiſons legitimes, il ne doit point auoir de lict particulier en la chambre où il a couſtume de faire ſa recepte, & compter auec les debteurs; & ne doiuent les Conuerſes entrer en ladite chambre pour y conferer auec luy, parce qu'il importe d'euiter le ſcandal & le peril, puiſqu'vn vray Religieux qui a ſoin de ſa pu-reté & de ſa reputation, & qui ne doit pas negliger celle de ſon prochain, ne peut pas ſans blaſme, parler ſeul à ſeul à vne fille, en des lieux où il ne ſoit aperçeu de perſonne.

En quatorziefme lieu, Encore que l'Aumofnier par vne ancienne practique, aye couftume de fortir feul de l'Abbaye
pour aller à l'Aumofne, & y negocier les affaires, il ne doit
pas neantmoins y aller ainfi feul à toute rencontre, & à
toute heure, fans neceffité, ou fans caufe legitime, & y
demeurer autant de temps qu'il luy plaift, en confommant
les Heures inutilement auec les Conuerfes, & fe difpenfant
des Obferuances regulieres, & du Diuin Seruice, & fe doit
feruir de cette liberté en telle forte, qu'il n'en abufe point
contre le commandement de Sainct Auguftin, qui ordóne
dans fa Reigle, que les Religieux n'ayent en leur habit,
en leur marcher, ou en leurs actions, aucune chofe qui
puiffe offenfer les yeux des regardans, ou qui bleffe la fain-
teté de la vie qu'ils ont profeffé, en forte qu'il peuft bien
aller feul à l'Aumofne pour fujet legitime, aprés que le
Conuent fera defcendu le matin du Dortoir, ne retournant
pas en l'Abbaye au temps que le Conuent prend fon repós
l'aprefdinée auant le fon de None, & en Carefme auant le
Complie, & aux autres temps auant Vefpres, pourquoy il
n'attendra pas pour fon retour la fin des fufdites Heures ; que
s'il arriue vne neceffité abfoluë d'y aller en autre heure, ou
d'y demeurer plus long-temps, il le fera par l'aduis & permiffion de fon Superieur. Enfin, ledit Aumofnier eft tenu
en toutes chofes d'obeïr à fes Superieurs, comme tous les
autres Officiers de l'Abbaye : En foy de quoy nous auons
à ces prefentes appofé nos Seaux ordinaires. Fait l'an 1415.
le 18. du mois d'Octobre, figné IOCELLY, & fcellé de deux
Seaux de cire verte fur double queuë de parchemin.

IACQVES DE GVIRY Aumofnier, louë, aggrée
& confens toutes les chofes qui font contenuës au titre,
auquel j'ay attaché cette prefente recognoiffance, & en
tant qu'à moy touche, j'eftime qu'il n'y a rien en cét efcrit
qui ne foit loüable & remply de pieté, & qui ne doiue
eftre

punctuellement executé, escrit de ma propre main l'an 1415.
le quatriesme Nouembre, tesmoin le Seau de l'Aumosne,
& mon signe manuel. Signé, I. Guiry, & scellé de cire
verte en simple queuë de parchemin.

A TOVS ceux qui ces presentes Lettres verront : Iean par la Diuine Prouidence, humble Abbé de l'Eglise ou Monastere de Sainct Denys de Reims, Ordre de Sainct Augustin, & tout le Conuent de ladite Abbaye, Salut en nostre Seigneur. SCACHENT tous que l'an 1415. le treiziesme Nouembre, sont comparus personnellement pardeuant Nous, les Conuerses de nostre Aumosne, c'est à sçauoir, Sœurs Poncette, Maistresse, Melide, Ælide l'aisnée, & Ælide la jeusne, qui nous ont humblement supplié qu'il nous pleust pouruoir soigneusement à l'entretenement des Bastimens de ladite Aumosne, reception des Malades, conseruation des biens, emmeublement & vstancilles, & à la nourriture des Enfans Boursiers qui y sont admis, & y apporter les ordres necessaires : C'est pourquoy, aprés auoir meurement deliberé sur cette demande, & pris l'aduis des discrets de nostre Abbaye, & des autres Religieux assemblez au Chapitre à cét effect, Nous auons par l'authorité de nostre Charge, conclud & ordonné ce qui suit : Premierement, Qu'il sera faite visitation de l'estat des Maisons, & de toute l'Aumosne, ensemble des Meubles qui en dependent, sur lesquels sera premierement pourueu à la necessité des pauures Malades, & ce qui en restera sera fidelement employé par les soins de quelques Religieux à ce deputez, en la presence de l'Aumosnier, à la reparation des susdits Bastimens, autant qu'il sera jugé necessaire, à quoy seront adjoustez les loüages qui sont deubs desdites maisons ; & pour ce faire, nous auons deputé Dom Franco Tresorier. En ſecond lieu , D'autant qu'il eſt arriué des grands deſordres & ſcandales , ſur la reception des pauures Malades , dans noſtre ſuſdit Hoſpital , que l'Aumoſnier pretendoit ne deuoir eſtre faite par autre que par luy , en quoy grand nombre de Malades ont ſouffert beaucoup d'injuſtice , ayant eſté rejettez par cette conteſtation de l'entrée dudit Hoſpital ; Aprés auoir conſideré l'ordre qui s'obſerue aux autres Hoſpitaux en la reception & ſortie des Pauures, & ayant eſgard à ce qui nous a paru plus equitable, Nous auons conclud & arreſté que la reception & licenciement des Pauures aprés la guariſon, ſe doit faire plus conuenablement par les Conuerſes , ſçauoir, par la Maiſtreſſe , auec l'aduis & conſentement de l'vne des autres Religieuſes qui ſera deputée par nous à cét effect, ou par le Prieur ou l'Aumoſnier, ſi bon nous ſemble, ou audit Prieur de nous ingerer du ſoin deſdites entrées ou ſorties , ſi ce n'eſtoit que nous trouuaſſions bon à l'aduenir, ou nos ſucceſſeurs aprés nous, pour certaines conſiderations, d'y apporter vn autre ordre. En troiſieſme lieu , Nous auons ordonné que les lits, les linges, couuertures, veſtemens, vſtancilles & deſpoüilles qui procederont des pauures Malades receus audit Hoſpital, ſoient gouuernez par les mains de la Maiſtreſſe, ou d'vne autre Conuerſe deputée à cét effect, & qu'ils ſoient mis & redigez comme nous auons ordonné autrefois en vn Inuentaire, duquel l'Aumoſnier gardera vne coppie ſi bon luy ſemble ; & s'il eſt beſoin de les vendre , cela ſe fera auec l'aduis des Sœurs, & ſera le prix employé aux neceſſités des Pauures de l'Hoſpital , par l'ordre de la ſuſdite Maiſtreſſe, ou d'vne Conuerſe, qui en rendront compte fidelement à l'Aumoſnier en noſtre preſence , ou celle de nos deputez, lors que nous le trouuerons à propos. En quatrieſme lieu, Nous auons ordonné que ce qui a eſté cy-deuant fait tou-

chant la garde des draps de layne & de chanvre, & de toutes les vaiſſelles de cuiure, d'eſtain & d'argent dependans
de l'Aumoſne, ſoit obſerué à l'aduenir en telle ſorte, que
la garde en appartienne aux Conuerſes, ou à l'vne d'icelles
à ce ſpecialemét deputée, qui ſoit tenuë d'en rendre compte
comme il a eſté dit cy-deſſus. En cinquieſme lieu, Qu'il n'eſt
pas à propos que dans ladite Aumoſne on admette à l'aduenir auec les pauures Enfans eſcoliers, des Bourſiers, aux
deſpens de ladite Aumoſne ; & partant, Nous defendons
que cela ſe faſſe à l'aduenir, voulans & ordonnans que ces
preſentes ſoient attachées auec ce que nous auons cy-deuant
ordonné touchant la direction de l'Aumoſne, & que le
tout ſoit à l'aduenir inuiolablement obſerué : En foy de
quoy nous y auons appoſé nos Seaux. Fait l'an de grace 1415.
la ſixieſme Ferie aprés la feſte de Sainct Martin d'hyuer, le
quinzieſme Nouembre, ſcellé de cire verte ſur double
queuë de parchemin.

IE Iacques de Guiry Aumoſnier, louë & approuue tout
ce qui eſt contenu és Lettres patentes des Seigneurs Abbé
& Conuent, auſquelles mon preſent billet eſt attaché, &
conſens qu'il ſoit executé, teſmoin mon ſigne manuel, &
le Seau de l'Aumoſne, l'an 1415. le vingt-quatrieſme Ian-
uier, ſcellé de cire verte ſur ſimple queuë de parchemin.

IE Simon Raulier Aumoſnier, recognois que le contenu és Lettres des Seigneur Abbé & Conuent, auſquelles j'ay
attaché le preſent billet eſcrit de ma propre main, eſt veritable, juſte & legitime, & entant qu'à moy touche, je
donne mon conſentement, à ce qu'il ſoit plainement executé, & promets de l'obſeruer : En foy dequoy j'ay ſigné
ce billet de ma main, & ſcellé du Seau de l'Aumoſne, l'an
1421. le douzieſme Auril, ſigné, RAVLIER, & ſcellé de
cire verte ſur ſimple queuë de parchemin.

NOVS Iean de Raymond Licencié és Decreéts, Chanoine & Preuoſt de l'Egliſe de Reims, Vicaire general au
ſpirituel & au temporel de Reuerend Pere en Dieu Meſſire
Regnaut Archeueſque de Reims, Approuuons & confir-
mons les Couſtumes, Statuts & Ordonnances cy - deuant
eſcrites, inſerées dans les Lettres, ſignées & ſcellées des Seaux
de l'Abbé & Conuent de Sainét Denys de Reims, auſquelles
nous auons attaché ces preſentes, & voulons qu'elles ſoient
obſeruées à l'aduenir en la forme qu'elles ſont eſcrites : En
foy dequoy nous auons fait appoſer à ces preſentes le Seau
de la Cour ſpirituelle de Reims, l'an 1418. le treizieſme du
mois d'Oétobre, ſigné, DE MERTRICOVRT, & ſcellé
de cire verte ſur double queuë de parchemin.